Impressum
Verlag: BABADADA GmbH, Nedderfeld 112 , 22529 Hamburg
Geschäftsführer / Verlagsleitung: Harald Hof
Druck: Books on Demand GmbH, In de Tarpen 42, 22848 Norderstedt

Imprint
Publisher: BABADADA GmbH, Nedderfeld 112 , 22529 Hamburg, Germany
Managing Director / Publishing direction: Harald Hof
Print: Books on Demand GmbH, In de Tarpen 42, 22848 Norderstedt, Germany

школа
škola

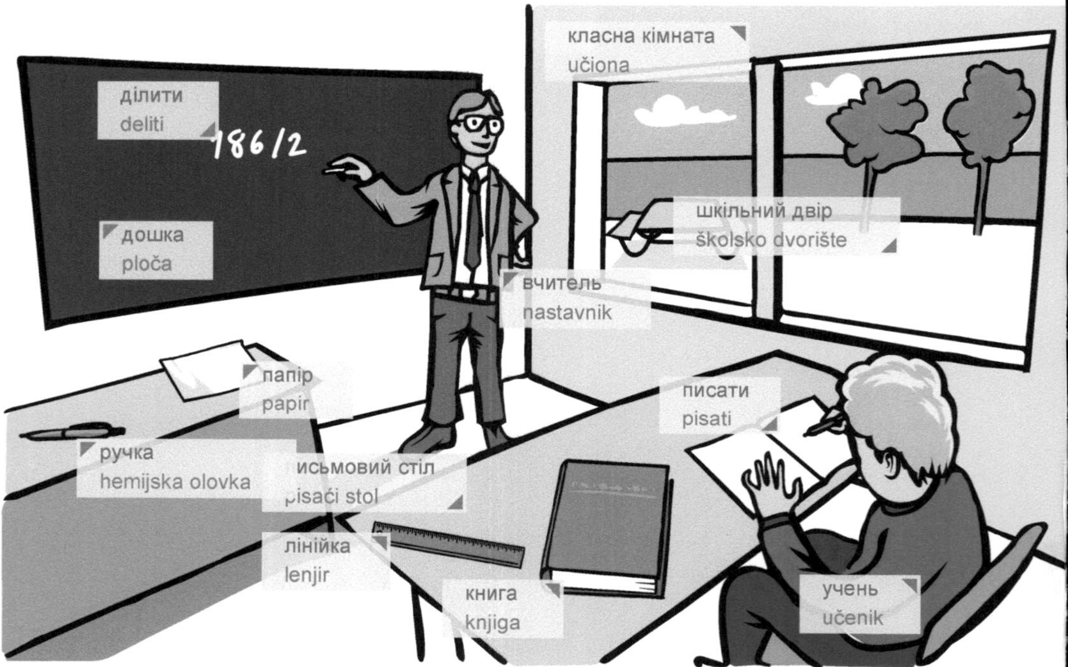
класна кімната
učiona
ділити
deliti
186/2
дошка
ploča
шкільний двір
školsko dvorište
вчитель
nastavnik
папір
papir
писати
pisati
ручка
hemijska olovka
исьмовий стіл
pisaći stol
лінійка
lenjir
книга
knjiga
учень
učenik

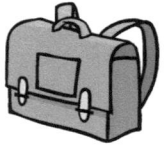

ранець

torba

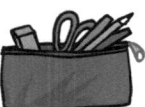

пенал

pernica

олівець

grafitna olovka

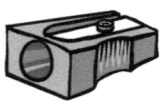

точило

šiljilo za olovke

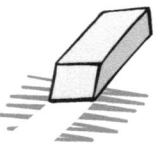

гумка

gumica za brisanje

альбом для малювання

blok za crtanje

малюнок

crtež

пензель

kist

коробка фарб

kutija sa bojama

ножиці

makaze

клей

lepilo

зошит

beležnica

домашнє завдання

domaći zadatak

число

broj

додавати

sabirati

віднімати

oduzimati

множити

množiti

рахувати

računati

літера

slovo

абетка

abeceda

слово

reč

текст

tekst

читати

čitati

крейда

kreda

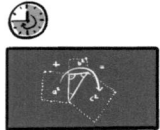

година

čas

класний журнал

dnevnik

екзамен

ispit

диплом

svedočanstvo

шкільна форма

školska uniforma

освіта

obrazovanje

лексикон

leksikon

університет

univerzitet

мікроскоп

mikroskop

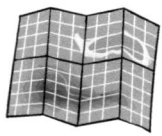

карта

karta

кошик для паперу

košara za papir

подорож
putovanje

готель
hotel
Grand
турбаза
prenoćište
ROOMS
обмінний пункт
menjačnica
CHANGE
валіза
kofer
автомобіль
auto

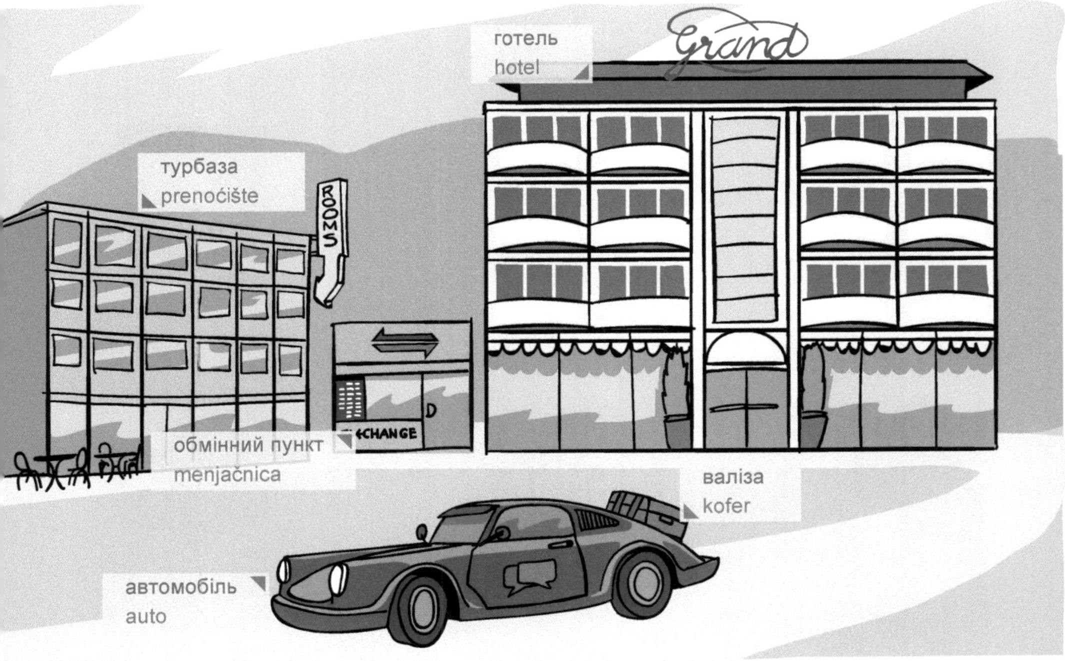

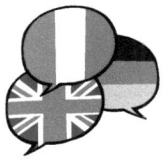

мова

jezik

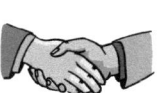

так / ні

da / ne

добре

okej

привіт

zdravo

перекладач

prevodilac

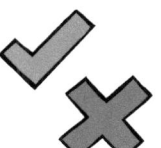

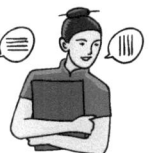

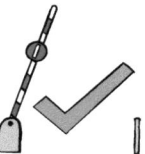

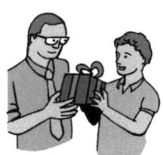

дякую

hvala

Скільки коштує ...?

Koliko košta...?

Я не розумію

ne razumem

проблема

problem

Добрий вечір!

dobro veče!

Доброго ранку!

Dobro jutro!

На добраніч!

Laku noć!

До побачення

doviđenja

напрямок

smer

багаж

prtljaga

сумка

torba

рюкзак

ruksak

гість

gost

кімната

soba

спальний мішок

vreća za spavanje

намет

šator

туристична інформація

turističke informacije

пляж

plaža

кредитна картка

kreditna kartica

сніданок

doručak

обід

ručak

вечеря

večera

квиток

karta za vožnju

ліфт

lift

поштова марка

poštanska markica

межа

granica

митниця

carina

посольство

ambasada

віза

viza

паспорт

pasoš

транспорт
transport

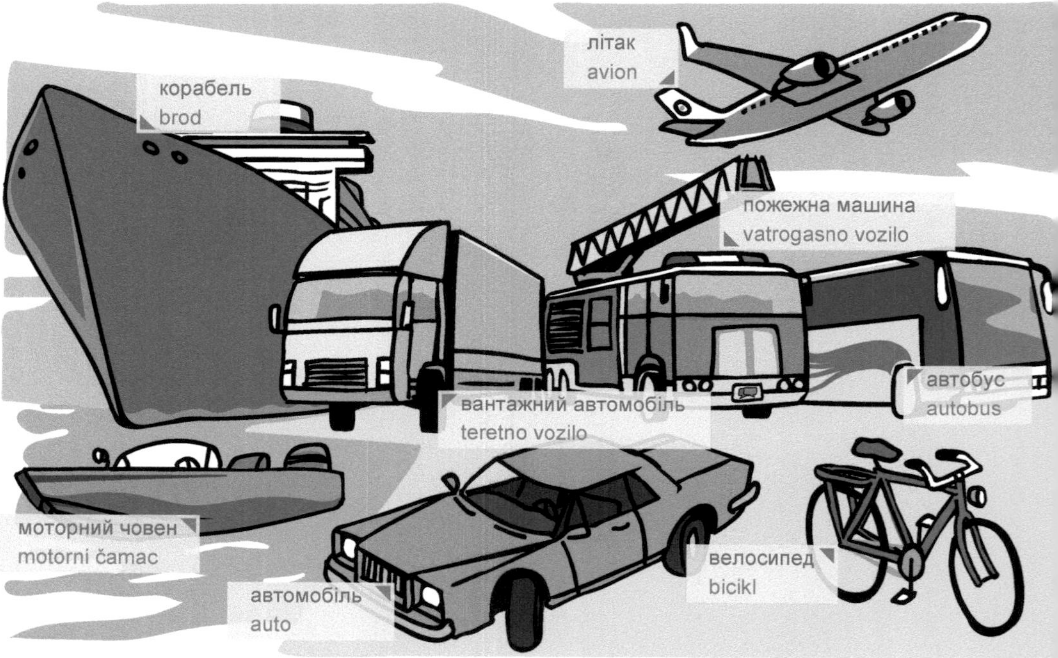

літак
avion

корабель
brod

пожежна машина
vatrogasno vozilo

автобус
autobus

вантажний автомобіль
teretno vozilo

моторний човен
motorni čamac

велосипед
bicikl

автомобіль
auto

пором
trajekt

човен
čamac

мотоцикл
motocikl

поліцейська машина
policijski auto

гоночний автомобіль
trkaći auto

автомобіль на прокат
iznajmljeno auto

спільне користування авто
delenje automobila

евакуатор
vučno vozilo

сміттєвоз
vozilo za odvoz smeća

двигун
motor

паливо
benzin

автозаправна станція
benzinska stanica

дорожній знак
saobraćajni znak

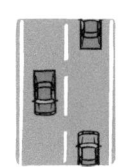

рух
saobraćaj

затор
zastoj

стоянка
parkiralište

вокзал
železnička stanica

рейки
šine

потяг
voz

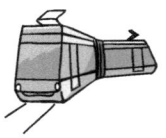

трамвай
tramvaj

вагон
vagon

гелікоптер

helikopter

аеропорт

aerodrom

вежа

kula

пасажир

putnik

контейнер

kontejner

коробка

karton

візок

kolica

кошик

korpa

стартувати / приземлятися

uzleteti / sleteti

місто

grad

село

selo

центр міста

centar grada

дім

kuća

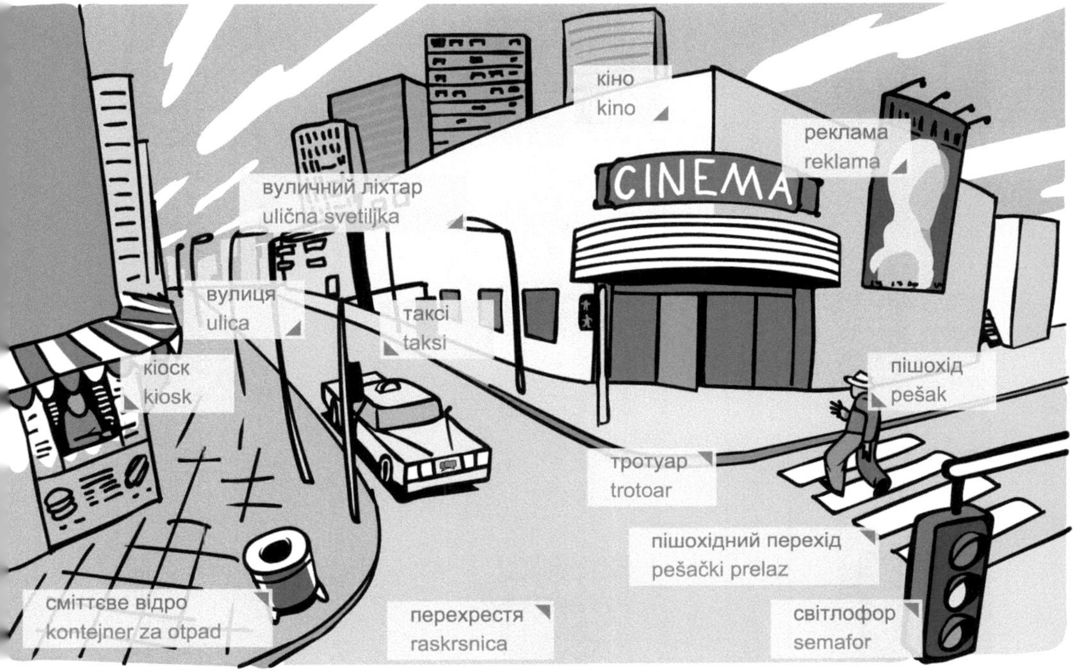

кіно
kino

реклама
reklama

вуличний ліхтар
ulična svetiljka

CINEMA

вулиця
ulica

таксі
taksi

кіоск
kiosk

пішохід
pešak

тротуар
trotoar

пішохідний перехід
pešački prelaz

сміттєве відро
kontejner za otpad

перехрестя
raskrsnica

світлофор
semafor

хатина

koliba

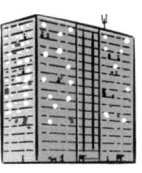

квартира

stan

вокзал

železnička stanica

ратуша

većnica

музей

muzej

школа

škola

університет

univerzitet

банк

banka

лікарня

bolnica

готель

hotel

аптека

apoteka

офіс

kancelarija

книжковий магазин

knjižara

магазин

prodavnica

квітковий магазин

cvećara

супермаркет

supermarket

ринок

trg

універмаг

robna kuća

торговець рибою

ribarnica

торговельний центр

trgovački centar

гавань

luka

парк

park

лава

klupa

міст

most

сходи

stepenice

метро

podzemna železnica

тунель

tunel

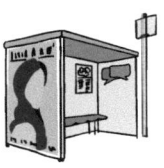

автобусна зупинка

autobuska stanica

бар

bar

ресторан

restoran

поштова скринька

poštansko sanduče

вулична табличка

ulični znak

лічильник паркування

parkirni automat

зоопарк

zoološki vrt

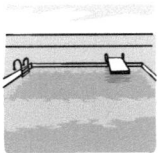

басейн

bazen

мечеть

džamija

ферма

seosko gazdinstvo

забруднення
навколишнього
середовища
zagađenje okoline

кладовище

groblje

церква

crkva

дитячий майданчик

igralište

храм

hram

ландшафт

pejsaž

листок
list

вказівний стовп
putokaz

шлях
put

луг
livada

камінь
kamen

дерево
drvo

мандрівник
šetač

річка
reka

трава
trava

квітка
cvijet

долина

dolina

гора

planina

озеро

jezero

ліс

šuma

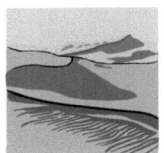

пустеля

pustinja

вулкан

vulkan

замок

dvorac

веселка

duga

гриб

gljiva

пальма

palma

комар

moskito

муха

muva

мурашка

mrav

бджола

pčela

павук

pauk

жук

buba

жаба

žaba

вивірка

veverica

їжак

jež

заєць

zec

сова

sova

птах

ptica

лебідь

labud

кабан

divlja svinja

олень

jelen

лось

los

гребля

nasip

вітряк

vetrenjača

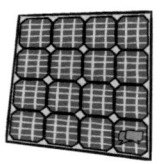

сонячний модуль

solarna ploča

клімат

klima

ресторан
restoran

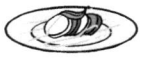

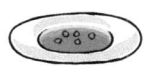

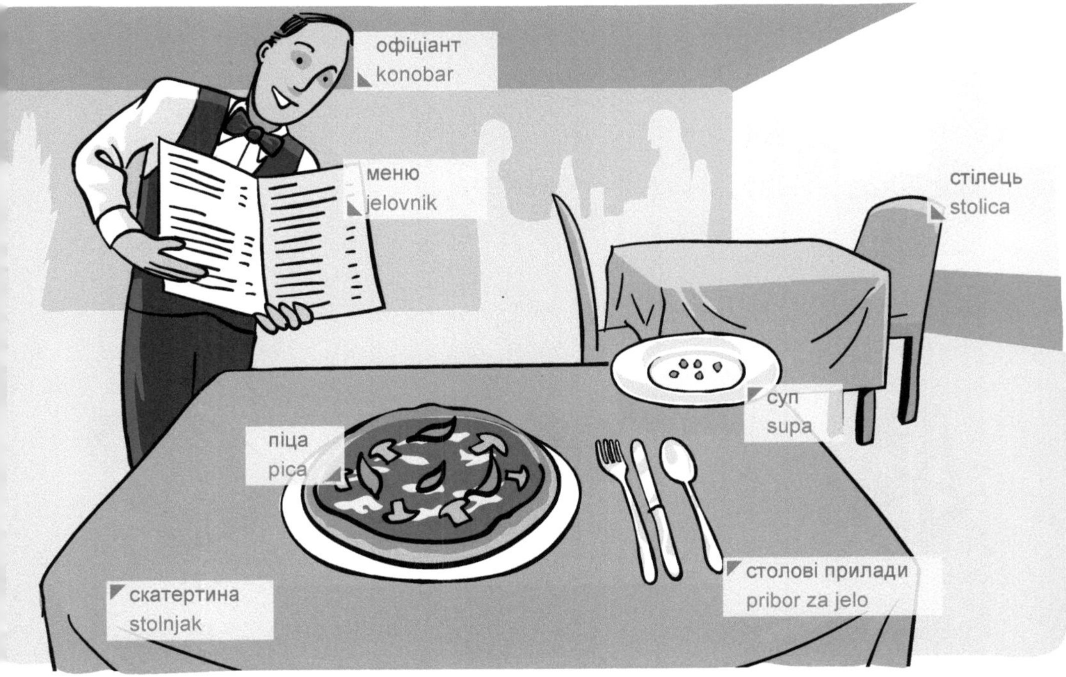
офіціант
konobar
меню
jelovnik
стілець
stolica
суп
supa
піца
pica
столові прилади
pribor za jelo
скатертина
stolnjak

закуска

predjelo

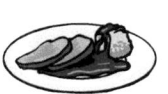

друга страва

glavno jelo

десерт

desert

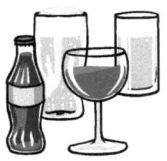

напої

napitci

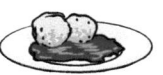

їжа

jelo

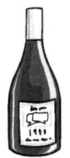

пляшка

flaša

фаст-фуд

brza hrana

вулична їжа

imbis hrana

чайник

čajnik

цукорниця

doza za šećer

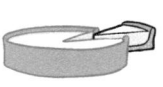

порція

porcija

еспресо-машина

aparat za espresso

високий стільчик

visoka stolica

рахунок

račun

піднос

poslužavnik

ніж

nož

вилка

viljuška

ложка

kašika

чайна ложка

čajna kašika

серветка

salveta

склянка

čaša

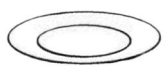

тарілка

tanjir

тарілка для супу

tanjir za supu

блюдце

tanjirić

соус

sos

солонка

soljenka

млин для перцю

mlin za biber

оцет

sirće

масло

ulje

спеції

začini

кетчуп

kečap

гірчиця

senf

майонез

majoneza

супермаркет
supermarket

пропозиція
ponuda
FOR
клієнт
kupac
молочні продукти
mlečni proizvodi
фрукти
voće
візок для покупок
kolica za kupovinu

BUTCHERS

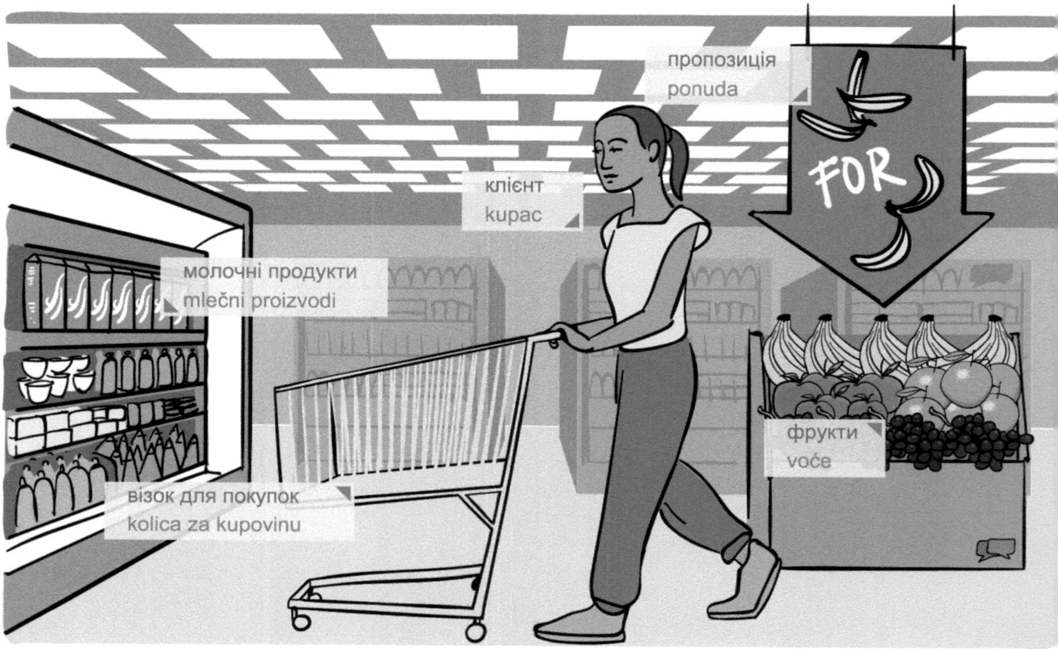

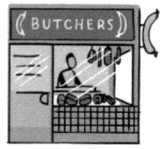

м'ясний магазин

mesnica

BAKERY

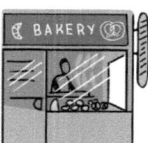

пекарня

pekara

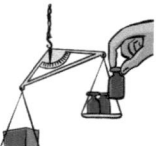

зважувати

vagati

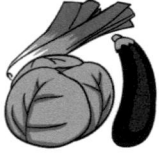

овочі

povrće

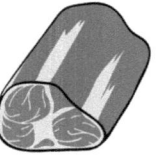

м'ясо

meso

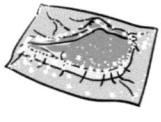

заморожені продукти

smrznuta hrana

ковбасна нарізка

narezak

консерви

konzerve

пральний порошок

sredstvo za pranje

солодощі

slatkiši

предмети домашнього побуту

artikli za domaćinstvo

мийний засіб

sredstva za čišćenje

продавщиця

prodavačica

каса

blagajna

касир

blagajnik

список покупок

lista za kupovinu

часи роботи

vreme rada

гаманець

novčanik

кредитна картка

kreditna kartica

сумка

torba

поліетиленовий пакет

plastična kesa

вода

voda

сік

sok

молоко

mleko

кола

kola

вино

vino

пиво

pivo

алкоголь

alkohol

какао

kakao

чай

čaj

кава

kava

еспресо

espresso

капучіно

cappuccino

банан

banana

яблуко

jabuka

апельсин

narandža

кавун

lubenica

лимон

limun

морква

šargarepa

часник

beli luk

бамбук

bambus

цибуля

luk

гриб

gljiva

горішки

orašasti plodovi

локшина

rezanci

спагеті

špagete

рис

riža

салат

salata

картопля фрі

pomfrit

смажена картопля

pečeni krumpir

піца

pica

гамбургер

hamburger

бутерброд

sendvič

шніцель

šnicla

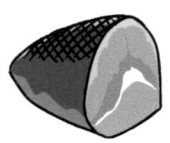

шинка

šunka

салямі

salama

ковбаса

kobasica

курка

kokoš

печеня

pečenje

риба

riba

вівсяні пластівці

zobene pahuljice

мюслі

musli

кукурудзяні пластівці

kukuruzne pahuljice

борошно

brašno

круасан

kroasan

булочка

pecivo

хліб

hleb

тостовий хліб

toast

печиво

keksi

масло

maslac

сир

sveži sir

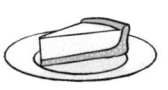

пиріг

kolač

яйце

jaje

яєчня

jaje na oko

сир

sir

морозиво

sladoled

цукор

šećer

мед

med

мармелад

marmelada

нуга-крем

nugat krema

карі

kari

ферма
seosko gazdinstvo

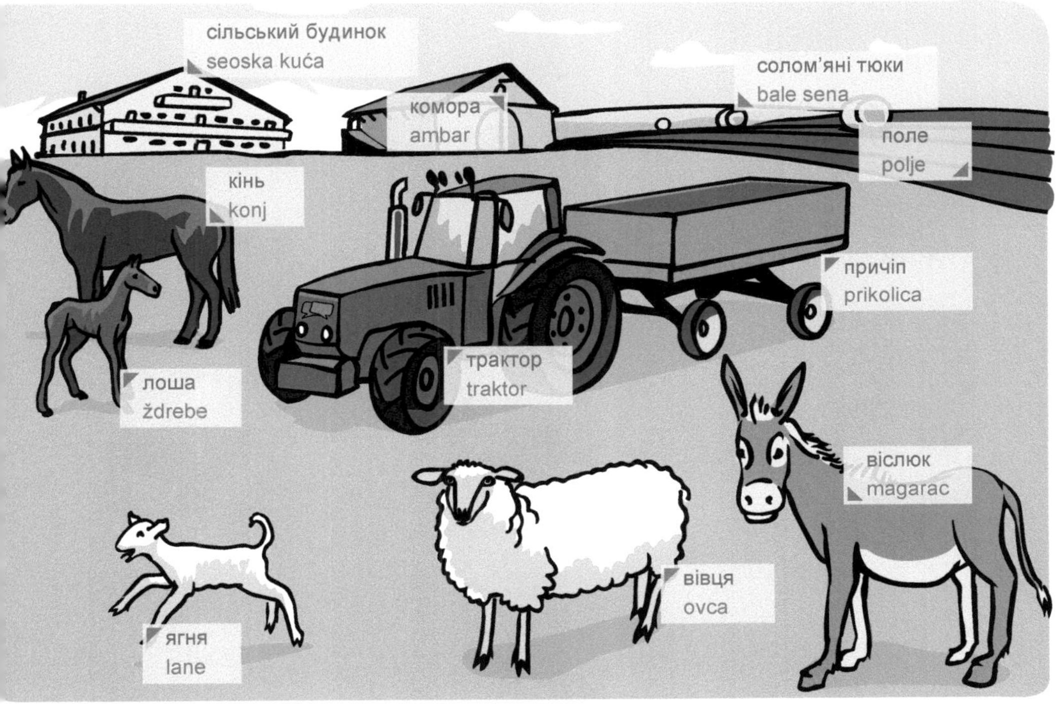

сільський будинок
seoska kuća
солом'яні тюки
bale sena
комора
ambar
поле
polje
кінь
konj
причіп
prikolica
трактор
traktor
лоша
ždrebe
віслюк
magarac
вівця
ovca
ягня
lane

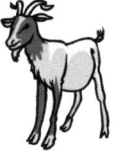

коза
koza

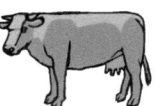

корова
krava

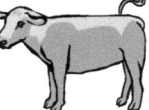

теля
tele

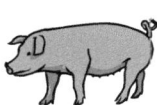

свиня
svinja

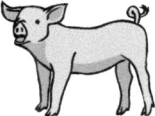

порося
prase

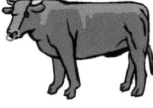

бик
bik

гусак

guska

качка

patka

курча

pilići

курка

kokoš

півень

petao

щур

pacov

кіт

mačka

миша

miš

віл

vol

собака

pas

собача будка

kućica za psa

садовий шланг

vrtno crevo

лійка

kanta za polivanje

коса

kosa

плуг

plug

серп

srp

мотика

motika

вила

viljuška za đubrivo

сокира

sekira

тачка

tačke

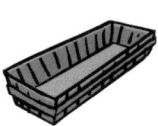

корито

korito

бідон молока

posuda za mleko

мішок

vreća

паркан

ograda

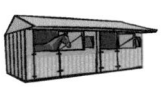

хлів

štala

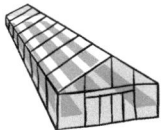

теплиця

staklenik

ґрунт

zemlja

насіння

seme

добриво

đubrivo

комбайн

kombajn

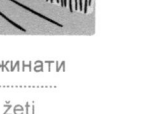

пожинати

žeti

урожай

žetva

корінь ямсу

jams začin

пшениця

pšenica

соя

soja

картопля

krumpir

кукурудза

kukuruz

ріпак

uljana repica

плодове дерево

voćka

маніок

gomolj manioke

злаки

žitarice

ферма - seosko gazdinstvo

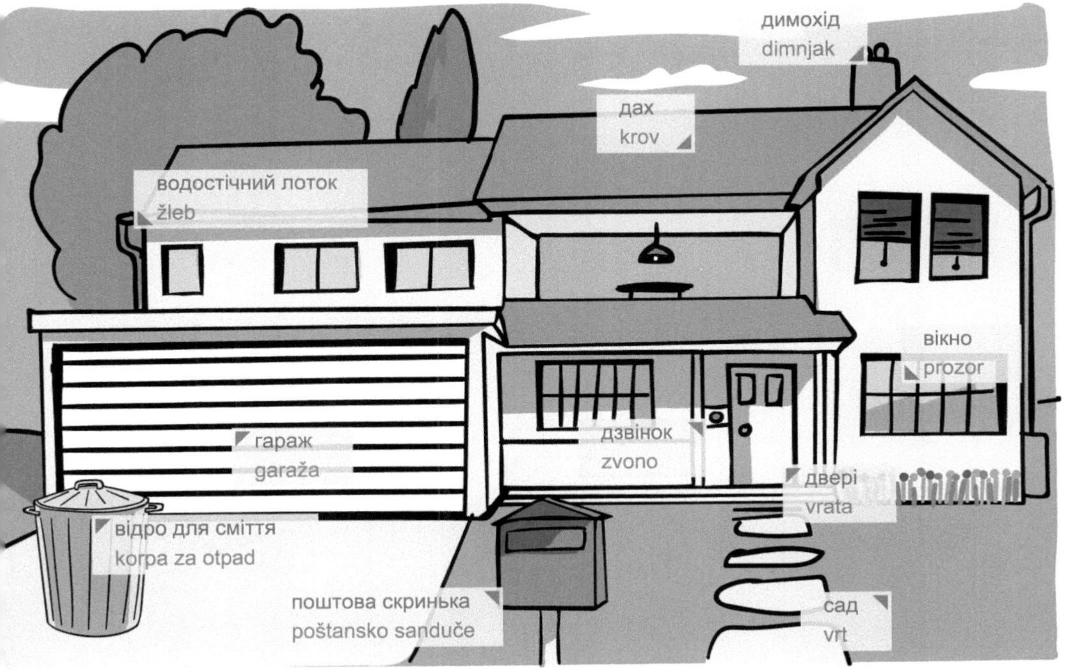

димохід
dimnjak

дах
krov

водостічний лоток
žleb

вікно
prozor

гараж
garaža

дзвінок
zvono

двері
vrata

відро для сміття
korpa za otpad

поштова скринька
poštansko sanduče

сад
vrt

вітальня

dnevna soba

ванна кімната

kupaonica

кухня

kuhinja

спальня

spavaća soba

дитяча кімната

dečija soba

їдальня

trpezarija

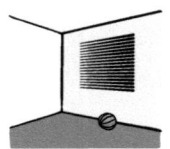

підлога

pod

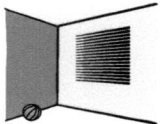

стіна

zid

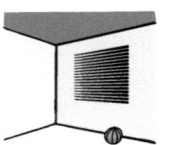

стеля

strop

підвал

podrum

сауна

sauna

балкон

balkon

тераса

terasa

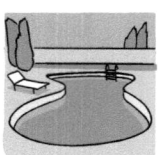

басейн

bazen

косарка

kosilica za travu

простирало

posteljina za krevet

ковдра

deka za krevet

ліжко

krevet

мітла

metla

відро

kanta

перемикач

prekidač

вітальня
dnevna soba

шпалери
tapeta
малюнок
slika
лампа
svetiljka
поличка
regal
шафа
ormar
телевізор
televizija
камін
kamin
квітка
cvijet
подушка
jastuk
диван
kauč
ваза
vaza
пульт
daljinski upravljač

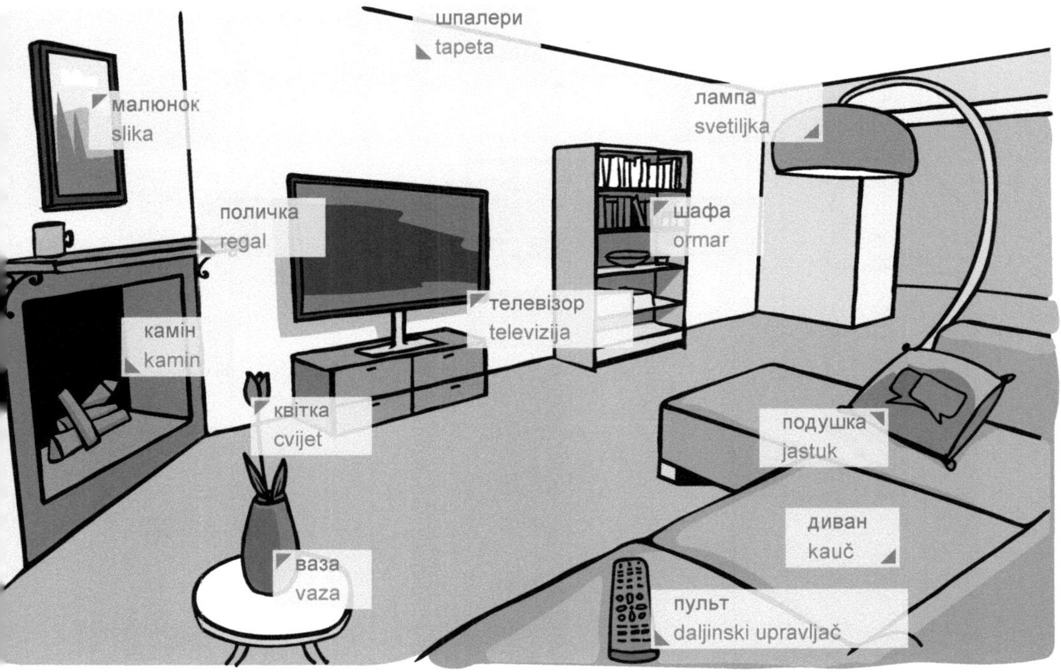

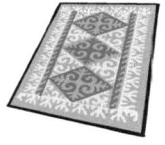

килим

tepih

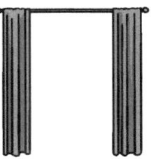

завіса

zavesa

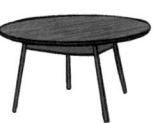

стіл

sto

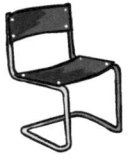

стілець

stolica

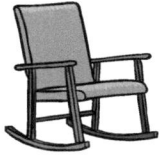

крісло-гойдалка

stolica za njihanje

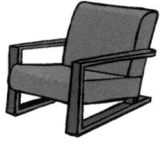

крісло

fotelja

книга
knjiga

ковдра
deka

прикраса
dekoracija

дрова
drvo za ogrev

фільм
film

стереосистема
hi-fi uređaj

ключ
ključ

газета
novine

картина
slika na platnu

плакат
poster

радіо
radio

блокнот
blok za pisanje

пилосос
usisivač

кактус
kaktus

свічка
sveća

кухня
kuhinja

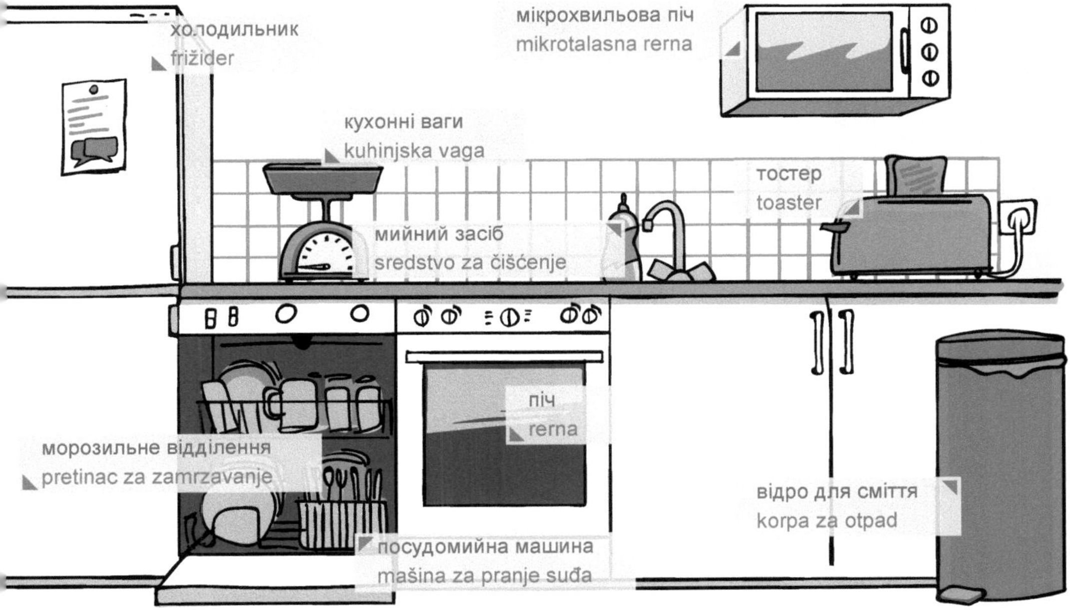

холодильник
frižider
мікрохвильова піч
mikrotalasna rerna
кухонні ваги
kuhinjska vaga
тостер
toaster
мийний засіб
sredstvo za čišćenje
піч
rerna
морозильне відділення
pretinac za zamrzavanje
відро для сміття
korpa za otpad
посудомийна машина
mašina za pranje suđa

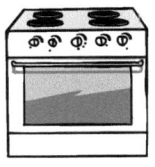

плита
šporet

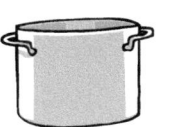

горщик
lonac

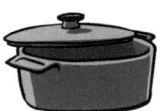

чавунний горщик
gvozdeni lonac

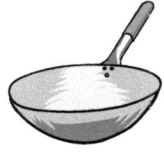

вок / кадай
wok / kadai

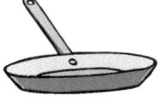

сковорода
tava

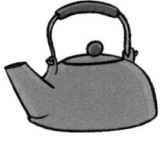

чайник
kuvalo za vodu

пароварка

kuvalo na paru

лист

lim za pečenje

посуд

posuđe

кухоль

čaša

чаша

posuda

палички для їжі

štapići za jelo

черпак

kutlača

лопатка

lopatica

вінчик для збивання

penjača

сито

sito za kuvanje

сито

sito

терка

ribež

ступка

mužar

барбекю

roštilj

багаття

ognjište

дошка
daska

качалка
oklagija

штопор
vadičep

конзерва
konzerva

відкривачка
otvarač konzervi

прихватки
krpa za lonac

раковина
sudoper

щітка
četka

губка
sunđer

міксер
mikser

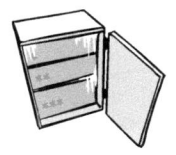

морозильна камера
zamrzivač

дитяча пляшка
flašica za bebe

кран
slavina za vodu

ванна кімната
kupaonica

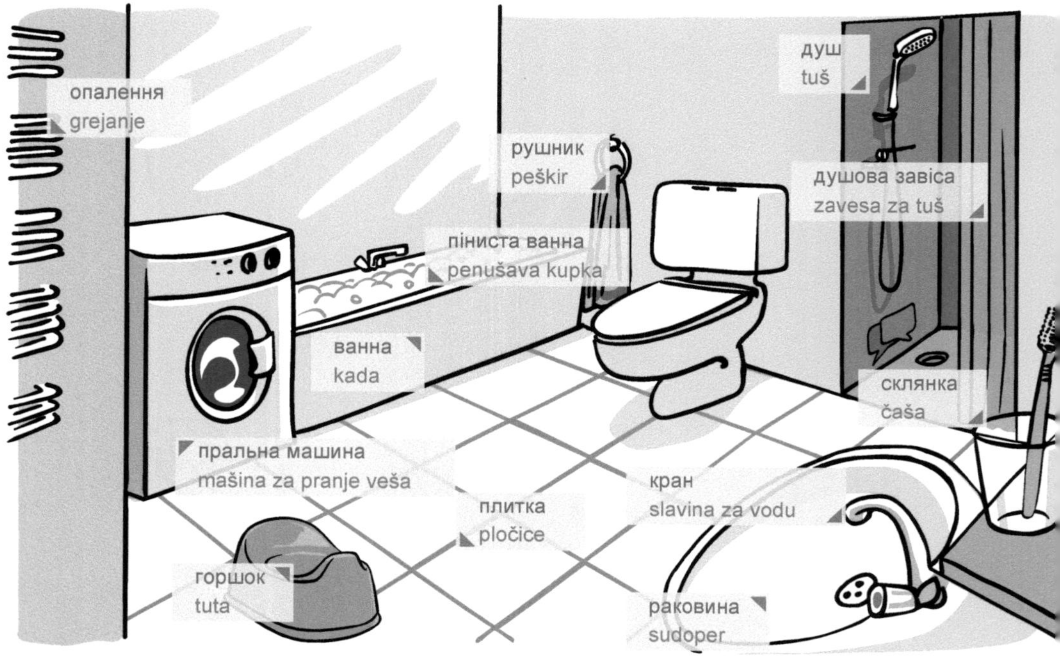

опалення
grejanje
рушник
peškir
душ
tuš
душова завіса
zavesa za tuš
піниста ванна
penušava kupka
ванна
kada
склянка
čaša
пральна машина
mašina za pranje veša
кран
slavina za vodu
плитка
pločice
горшок
tuta
раковина
sudoper

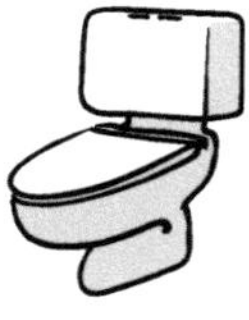

туалет

toalet

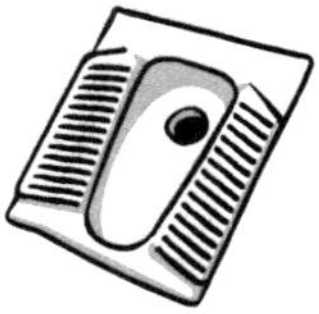

підлоговий туалет

čučavac

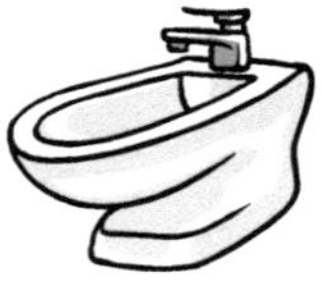

біде

bidet

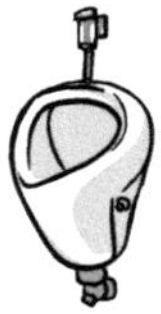

пісуар

pisoar

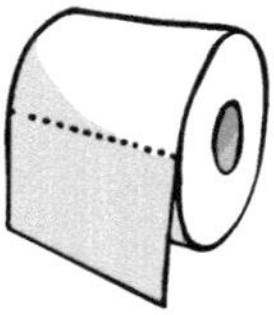

туалетний папір

toaletni papir

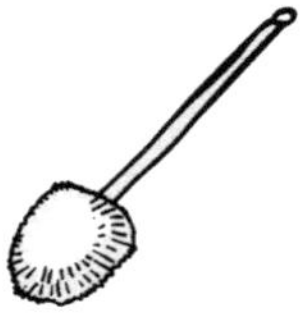

щітка для туалету

četka za toalet

зубна щітка

četkica za zube

зубна паста

pasta za zube

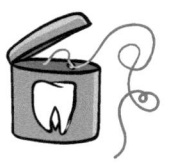

нитка для чищення зубів

konac za zube

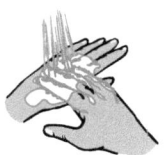

мити

prati

ручний душ

tuš ručica

інтимний душ

tuš za pranje intimnih delova

таз

lavor

щітка для спини

četka za pranje leđa

мило

sapun

гель для душу

gel za tuširanje

шампунь

šampon

мочалка

krpa za pranje

водостік

odvod

крем

krema

дезодорант

dezodorans

дзеркало

ogledalo

косметичне дзеркало

kozmetičko ogledalo

бритва

brijač

піна для гоління

pena za brijanje

лосьйон після гоління

losion za posle brijanja

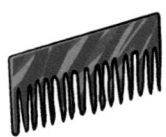

гребінь

češalj

щітка

četka

фен

fen za kosu

лак для волосся

sprej za kosu

косметика

makeup

губна помада

ruž za usne

лак для нігтів

lak za nokte

вата

vata

ножиці для нігтів

makaze za nokte

парфум

parfem

косметичка

kozmetička torbica

табурет

stolica

ваги

vaga

халат

ogrtač

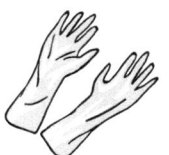

гумові рукавички

rukavice za čišćenje

тампон

tampon

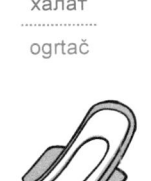

гігієнічні прокладки

uložak

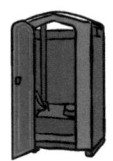

біотуалет

hemijski toalet

дитяча кімната

dečija soba

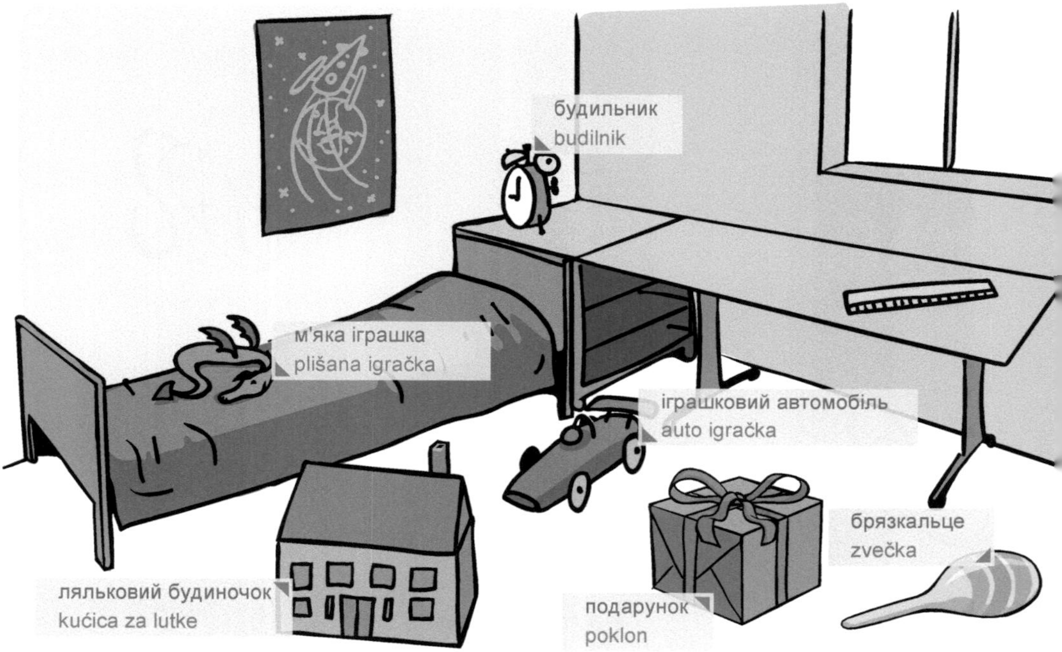
будильник
budilnik
м'яка іграшка
plišana igračka
іграшковий автомобіль
auto igračka
брязкальце
zvečka
ляльковий будиночок
kućica za lutke
подарунок
poklon

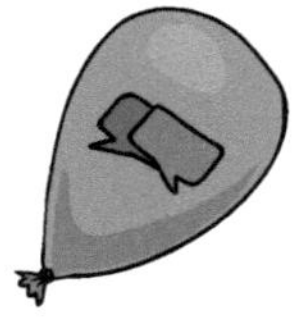

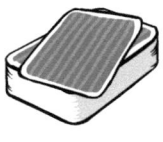

повітряна кулька

balon

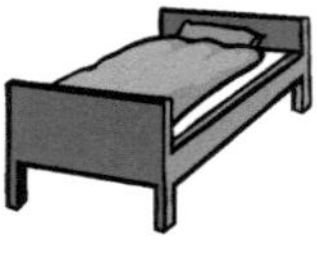

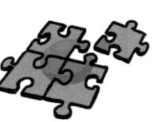

ліжко

krevet

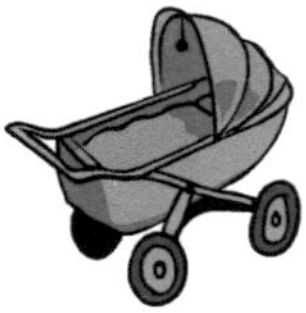

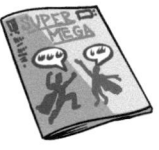

дитячий візок

dječija kolica

картярська гра

igra s kartama

пазл

slagalica

SUPER MEGA

комікс

strip

лего цеглинкл

lego kockice

блоки

kockice za slaganje

іграшкова фігурка

akcioni junak

повзунки

benkica za bebe

фризбі

frizbi

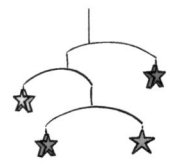

мобіле

viseće igračke

настільна гра

društvene igre

кубик

kocka

модель залізнична станція

minijaturna željeznica

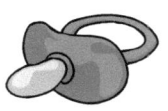

соска

duda

вечірка

zabava

книжка з картинками

slikovnica

м'яч

lopta

лялька

lutka

грати

igrati

пісочниця

pješčanik

гойдалка

ljuljačka

іграшка

igračka

гральна консоль

konzola za igre

триколісний велосипед

tricikl

плюшевий мішка

tedi

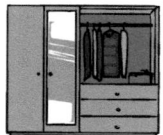

шафа

ormar

одяг

odeća

шкарпетки

kratke čarape

панчохи

čarape

колготки

hulahopke

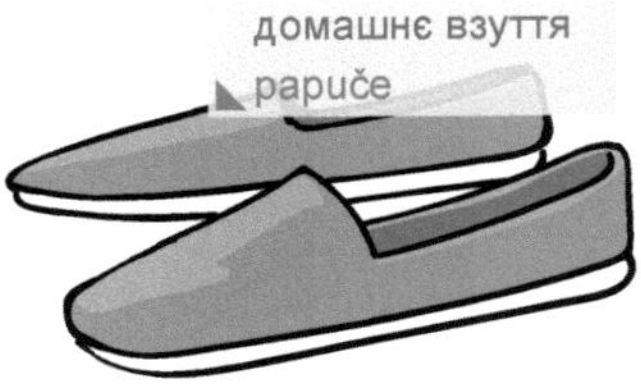

шарф
šal

парасоля
kišobran

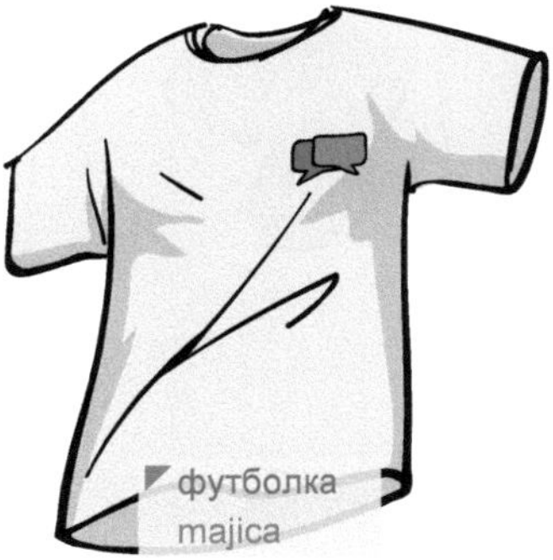

футболка
majica

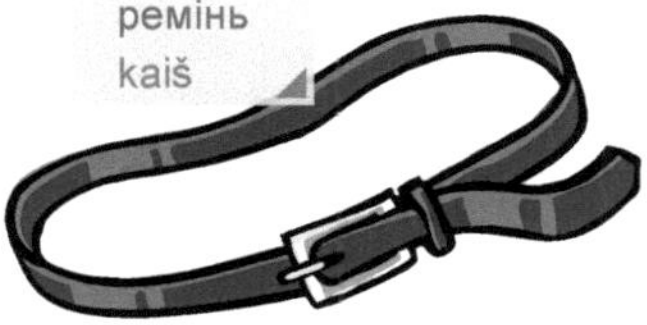

ремінь
kaiš

чоботи
čizme

домашнє взуття
papuče

кросівки
patike

сандалі
....
sandale

взуття
....
cipele

гумові чоботи
....
gumene čizme

труси
....
gaćice

бюстгальтер
....
grudnjak

нижня сорочка
....
potkošulja

боді

bodi

штани

pantalone

джинси

farmerke

спідниця

suknja

блузка

bluza

сорочка

košulja

пуловер

džemper

светр

džemper s kapuljačom

піджак

sako

куртка

jakna

пальто

kaput

дощовик

kabanica

костюм

kostim

сукня

haljina

весільна сукня

venčanica

костюм

odelo

нічна сорочка

spavaćica

піжама

pidžama

сарі

sari

головна хустка

marama za glavu

чалма

turban

бурка

burka

кафтан

kaftan

абая

abaja

купальник

kupaći kostim

плавки

kupaće gaćice

шорти

kratke pantalone

тренувальний костюм

odeća za trening

фартух

kecelja

рукавички

rukavice

гудзик

dugme

окуляри

naočare

браслет

narukvica

ланцюг

ogrlica

кільце

prsten

сережка

naušnica

шапка

kapa

плічка

vešalica

капелюх

šešir

краватка

kravata

застібка-блискавка

patent zatvarač

шолом

kaciga

підтяжки

naramenice

шкільна форма

školska uniforma

уніформа

uniforma

одяг - odeća

нагрудник
podbradak

соска
duda

підгузок
pelena

офіс
kancelarija

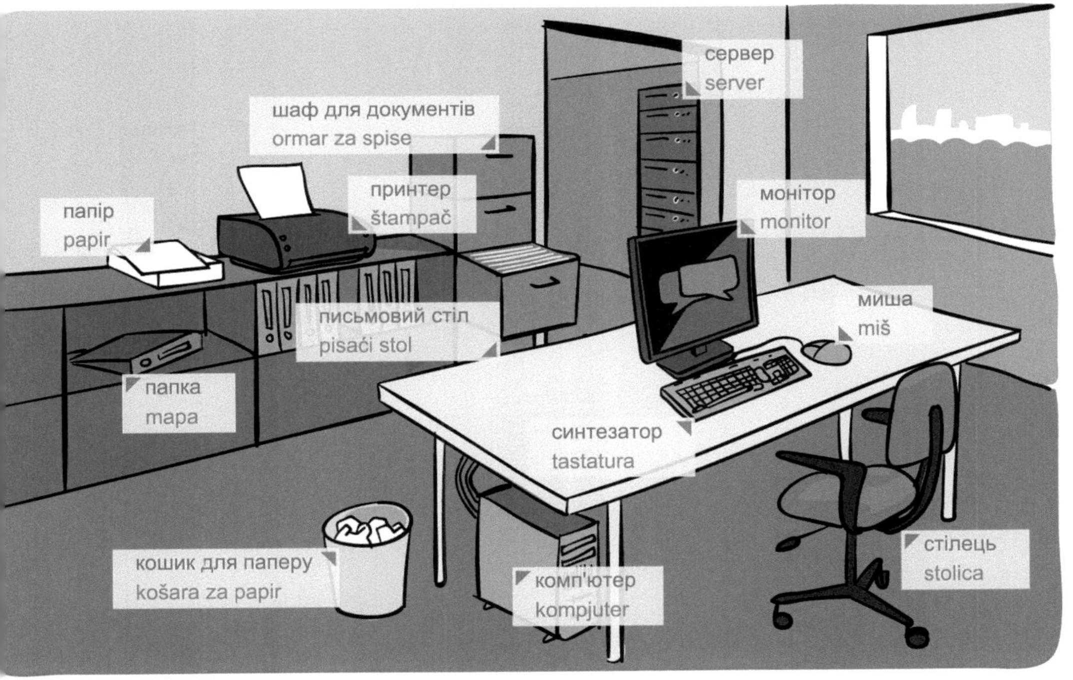

шаф для документів
ormar za spise

сервер
server

принтер
štampač

монітор
monitor

папір
papir

письмовий стіл
pisaći stol

миша
miš

папка
mapa

синтезатор
tastatura

кошик для паперу
košara za papir

комп'ютер
kompjuter

стілець
stolica

кавовий кухоль

šalica za kavu

калькулятор

kalkulator

інтернет

internet

ноутбук

laptop

лист

pismo

повідомлення

poruka

мобільний телефон

mobilni telefon

мережа

mreža

копіювальний пристрій

uređaj za kopiranje

програмне забезпечення

softver

телефон

telefon

розетка

utičnica

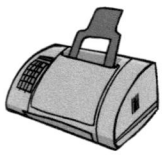

факс

faks

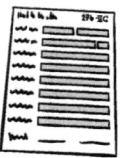

бланк

formular

документ

dokument

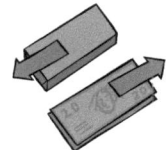

купувати

kupovati

платити

platiti

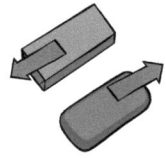

торгувати

trgovati

гроші

novac

 **USD**

долар

dolar

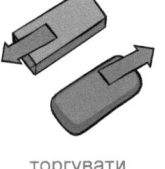 **EUR**

євро

evro

 **JPY**

ієна

jen

 **RUB**

рубль

rublja

 **CHF**

франк

švajcarski franak

 **CNY**

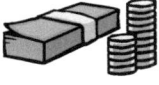

юанів женьміньбі

renmindbi juan

 **INR**

рупія

rupija

банкомат

automat za novac

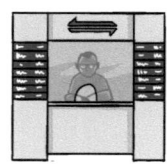

обмінний пункт

menjačnica

золото

zlato

срібло

srebro

нафта

nafta

енергія

energija

ціна

cena

контракт

ugovor

податок

porez

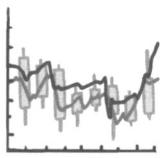

акція

deonica

працювати

raditi

працівник

službenik

роботодавець

poslodavac

фабрика

fabrika

магазин

prodavnica

професії
zanimanja

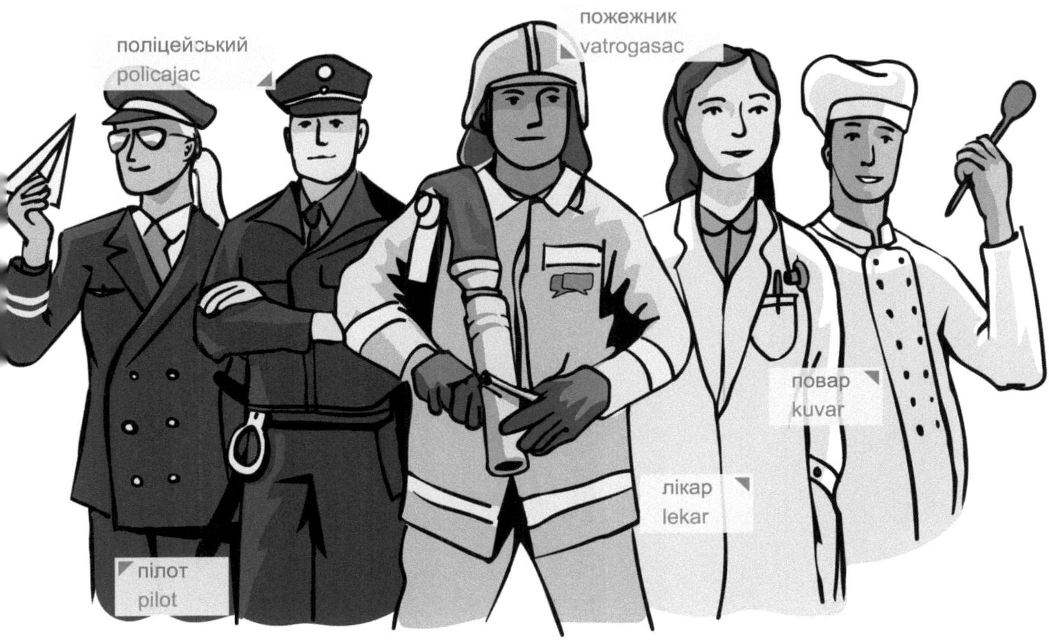
пожежник
vatrogasac
поліцейський
policajac
повар
kuvar
лікар
lekar
пілот
pilot

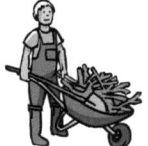

садівник

vrtlar

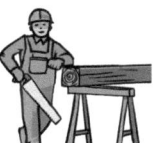

столяр

stolar

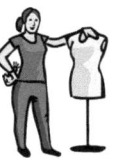

швачка

krojačica

суддя

sudija

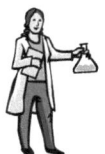

хімік

hemičar

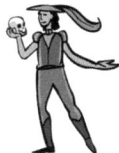

актор

glumac

водій автобуса

vozač autobusa

таксист

vozač taksija

рибалка

ribar

прибиральниця

čistačica

покрівельник

krovopokrivač

офіціант

konobar

мисливець

lovac

художник

slikar

пекар

pekar

електрик

električar

будівельник

građevinski radnik

інженер

inženjer

забійник

mesar

бляхар

limar

листоноша

poštar

солдат

vojnik

архітектор

arhitekta

касир

blagajnik

флорист

cvećar

перукар

frizer

кондуктор

kondukter

механік

mehaničar

капітан

kapetan

дантист

zubar

вчений

naučnik

рабин

rabi

імам

imam

монах

monah

пастор

svećenik

професії - zanimanja

інструменти
alati

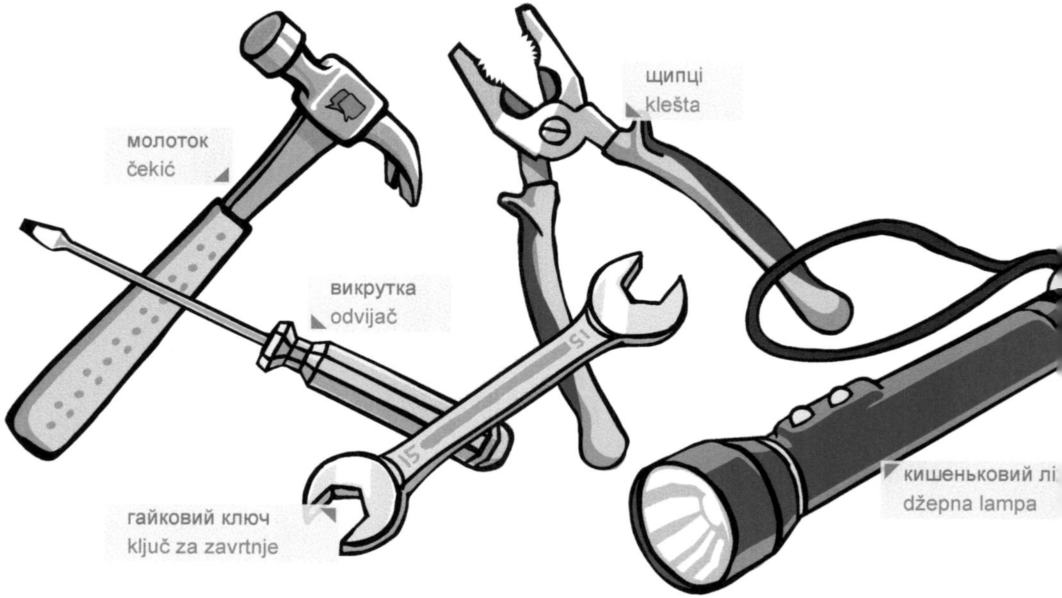

молоток
čekić

щипці
klešta

викрутка
odvijač

гайковий ключ
ključ za zavrtnje

кишеньковий лі
džepna lampa

екскаватор

bager

ящик для інструментів

kutija za alat

драбина

merdevine

пилка

pila

цвяхи

ekser

свердло

bušilica

ремонтувати

popraviti

лопата

lopata

лайно!

do đavola!

совок

lopatica

відро з фарбою

lonac za boju

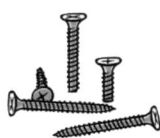

гвинти

zavrtanji

музичні інструменти
muzički instrument

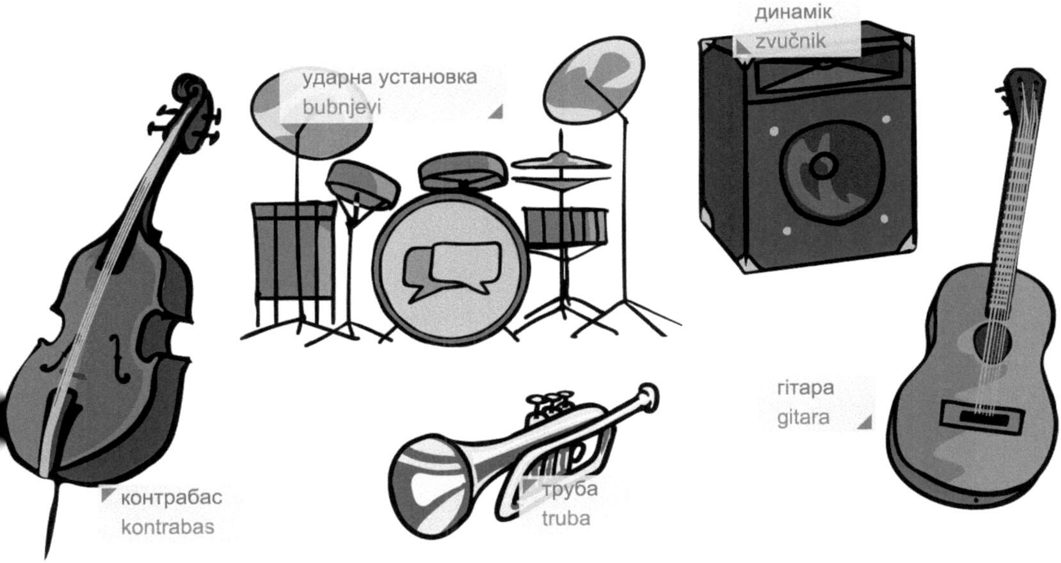

ударна установка
bubnjevi

динамік
zvučnik

контрабас
kontrabas

труба
truba

гітара
gitara

фортепіано

klavir

скрипка

violina

бас

bas

литаври

timpani

барабан

udaraljke za bubnjeve

клавіатура

tipke klavira

саксофон

saksofon

флейта

flauta

мікрофон

mikrofon

зоопарк
zoološki vrt

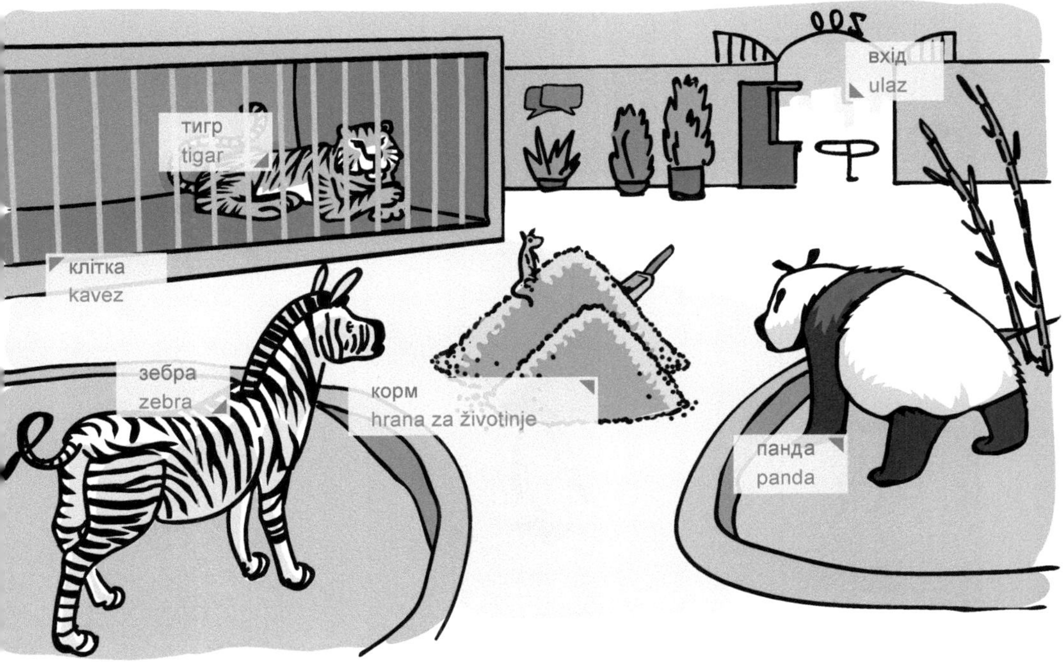
вхід
ulaz
тигр
tigar
клітка
kavez
зебра
zebra
корм
hrana za životinje
панда
panda

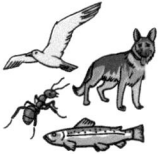

тварини
životinje

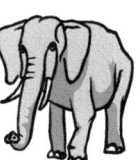

слон
slon

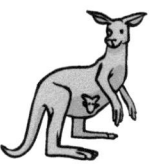

кенгуру
kengur

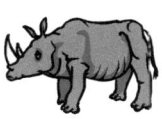

носоріг
nosorog

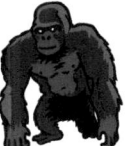

горила
gorila

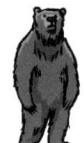

ведмідь
medved

верблюд

kamila

страус

noj

лев

lav

мавпа

majmun

фламінго

flamingo

папуга

papagaj

білий ведмідь

polarni medved

пінгвін

pingvin

акула

ajkula

павич

paun

змія

zmija

крокодил

krokodil

працівник зоопарку

čuvar u zoološkom vrtu

тюлень

tuljan

ягуар

jaguar

поні

poni

леопард

leopard

гіпопотам

nilski konj

жираф

žirafa

орел

orao

кабан

divlja svinja

риба

riba

черепаха

kornjača

морж

morž

лисиця

lisica

газель

gazela

зоопарк - zoološki vrt

американський футбол
američki nogomet

їзда на велосипеді
biciklizam

теніс
tenis

баскетбол
košarka

плавання
plivanje

бокс
boks

хокей
hokej na ledu

футбол
fudbal

бадмінтон
badminton

легка атлетика
atletika

гандбол
rukomet

лижні перегони
skijanje

поло
polo

стрибати
skočiti

смiятися
smejati se

обіймати
zagrliti

спiвати
pevati

йти
ići

мрiяти
sanjati

молитися
moliti se

цілувати
poljubiti

писати
pisati

малювати
crtati

показувати
pokazati

тиснути
gurati

давати
dati

брати
uzeti

мати

imati

робити

činiti

бути

biti

стояти

stojati

бігати

trčati

тягнути

povlačiti

кидати

baciti

падати

padati

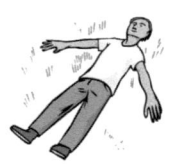

лежати

ležati

очікувати

čekati

носити

nositi

сидіти

sediti

одягати

oblačiti

спати

spavati

просипатися

probuditi se

дивитися

gledati

плакати

plakati

гладити

milovati

розчісувати

češljati

розмовляти

govoriti

розуміти

razumeti

питати

pitati

слухати

slušati

пити

piti

їсти

jesti

прибирати

pospremiti

любити

voleti

варити

kuhati

їхати

voziti

літати

leteti

йти під вітрилом

ploviti

рахувати

računati

читати

čitati

вчитися

učiti

працювати

raditi

одружуватися

venčati se

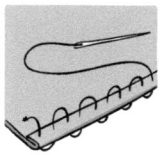

шити

šiti

чистити зуби

prati zube

убивати

ubiti

курити

pušiti

посилати

poslati

сім'я
porodica

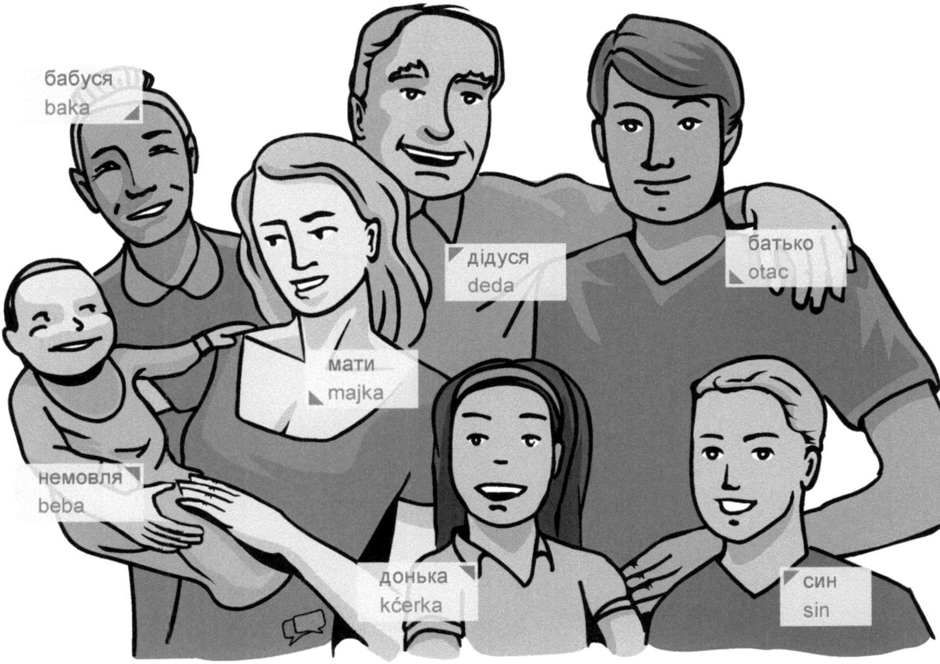

бабуся
baka
дідуся
deda
батько
otac
мати
majka
немовля
beba
донька
kćerka
син
sin

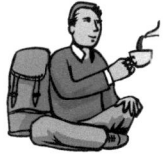

гість
gost

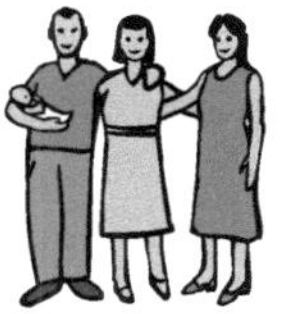

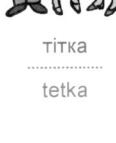

тітка
tetka

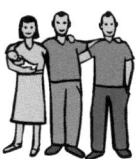

дядько
ujak, stric

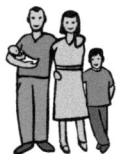

брат
brat

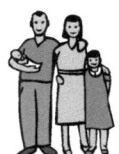

сестра
sestra

тіло

telo

чоло
čelo
око
oko
плече
rame
палець
prst
обличчя
lice
підборіддя
brada
кисть
ruka
нога
noga
груди
grudi
рука
ruka

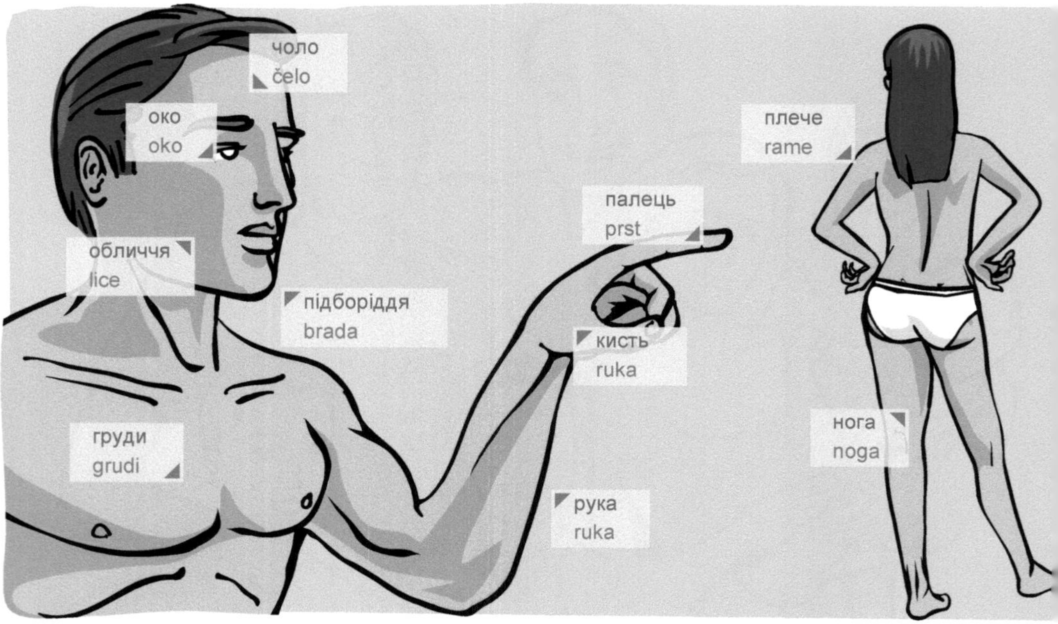

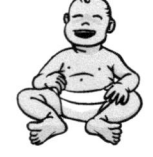

немовля

beba

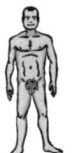

чоловік

muškarac

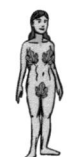

жінка

žena

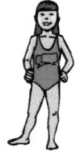

дівчина

devojčica

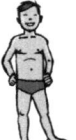

хлопчик

dečak

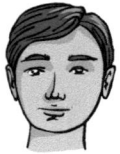

голова

glava

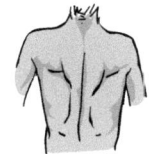

спина

леђa

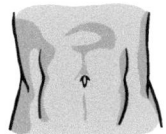

живіт

stomak

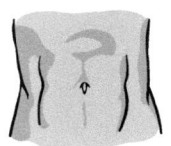

пуп

pupak

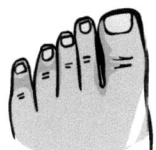

палець ноги

nožni prst

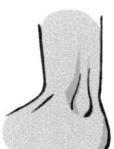

п'ята

peta

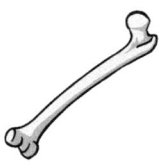

кістка

kost

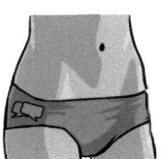

стегно

kukovi

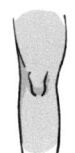

коліно

koleno

лікоть

lakat

ніс

nos

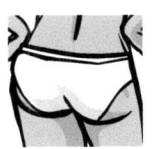

сідниці

zadnjica

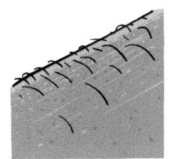

шкіра

koža

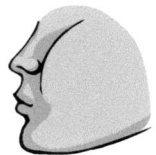

щока

obraz

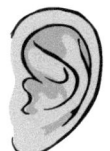

вухо

uvo

губа

usna

тіло - telo

рот

usta

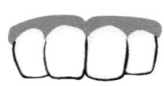

зуб

zub

язик

jezik

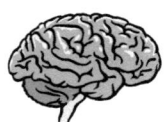

мозок

mozak

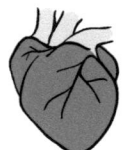

серце

srce

м'яз

mišić

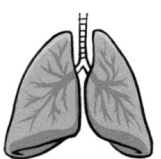

легені

pluća

печінка

jetra

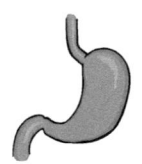

шлунок

želudac

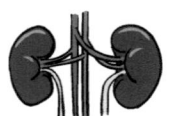

нирки

bubrezi

статевий акт

polni odnos

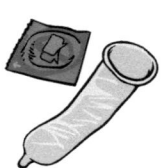

презерватив

kondom

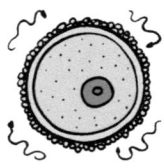

яйцеклітина

jajna ćelija

сперма

sperma

вагітність

trudnoća

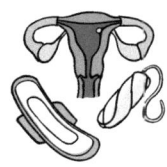

менструація

menstruacija

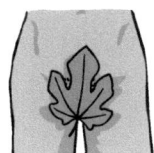

вагіна

vagina

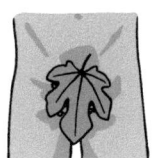

пеніс

penis

брова

obrva

волосся

kosa

шия

vrat

тіло - telo

лікарня
bolnica

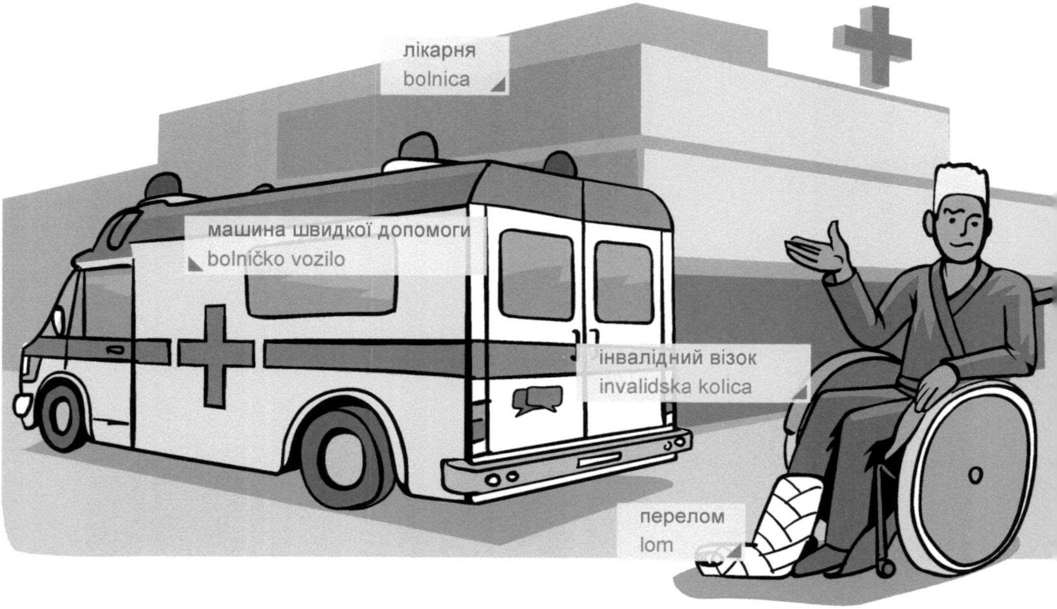

лікарня
bolnica
машина швидкої допомоги
bolničko vozilo
інвалідний візок
invalidska kolica
перелом
lom

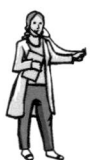

лікар

lekar

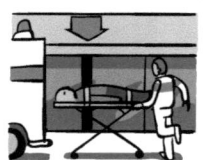

відділення швидкої медичної допомоги

hitna medicinska služba

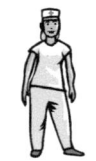

медсестра

medicinska sestra

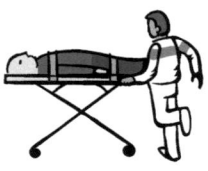

аварійний випадок

hitni slučaj

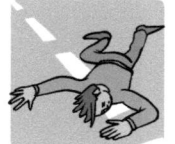

непритомний

nesvest

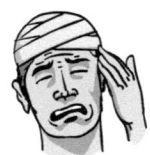

біль

bol

травма

povreda

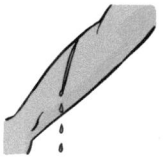

кровотеча

krvarenje

інфаркт

srčani udar

інсульт

udar

алергія

alergija

кашель

kašalj

лихоманка

groznica

грип

gripa

пронос

proliv

головна біль

glavobolja

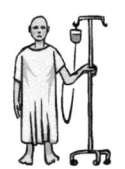

рак

rak

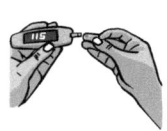

діабет

dijabetes

хірург

hirurg

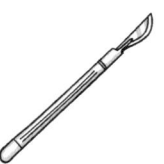

скальпель

skalpel

операція

operacija

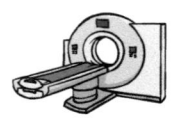

КТ

ct

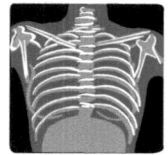

рентген

rentgen

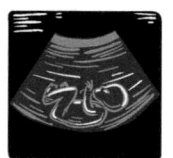

ультразвук

ultrazvuk

маска

maska

хвороба

bolest

зал очікування

čekaona

милиця

štaka

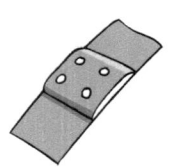

пластир

flaster

пов'язка

zavoj

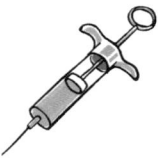

ін'єкція

injekcija

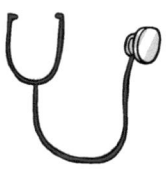

стетоскоп

stetoskop

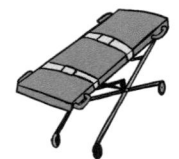

ноші

nosila

термометр

termometar

народження

rođenje

надмірна вага

prekomerna težina

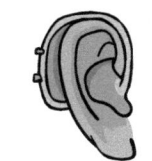

слуховий апарат

slušni aparat

дезінфікуючий засіб

sredstvo za dezinfekciju

інфекція

infekcija

вірус

virus

ВІЛ / СНІД

HIV / AIDS

медицина

medicina

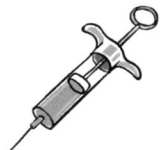

вакцинація

vakcinacija

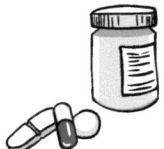

таблетки

tablete

протизаплідна пігулка

pilula

екстрений виклик

hitni poziv

тонометр

uređaj za merenje pritiska

хворий / здоровий

bolesno / zdravo

Допоможіть!

pomoć!

сигнал тривоги

alarm

напад

nasrtaj

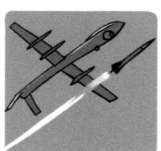

атака

napad

небезпека

opasnost

аварійний вихід

izlaz u slučaju nužde

Вогонь!

požar!

вогнегасник

protivpožarni aparat

аварія

nezgoda

аптечка

kutija prve pomoći

СОС

sos

поліція

policija

Європа
....
Evropa

Північна Америка
....
Severna Amerika

Південна Америка
....
Južna Amerika

Африка
....
Afrika

Азія
....
Azija

Австралія
....
Australija

Атлантика
....
Atlantik

Тихий океан
....
Pacifik

Індійський океан
....
Indijski okean

Антарктичний океан
....
Antarktički okean

Північний Льодовитий
океан
....
Arktički ocean

Північний полюс
....
Severni pol

Південний полюс

Južni pol

Антарктика

Antarktik

Земля

zemlja

суша

zemlja

море

more

острів

otok

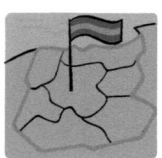

нація

nacija

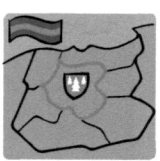

держава

država

циферблат

brojčanik sata

годинникова стрілка

satna kazaljka

хвилинна стрілка

minutna kazaljka

секундна стрілка

sekundna kazaljka

Котра година?

Koliko je sati?

день

dan

час

vreme

зараз

sada

цифровий годинник

digitalni sat

хвилина

minuta

година

čas

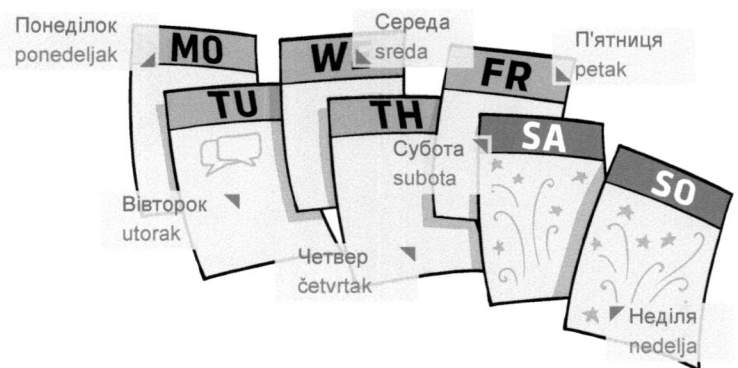

Понеділок — ponedeljak
Середа — sreda
П'ятниця — petak
Вівторок — utorak
Четвер — četvrtak
Субота — subota
Неділя — nedelja

вчора
juče

сьогодні
danas

завтра
sutra

ранок
jutro

опівдні
podne

вечір
veče

робочі дні
radni dani

кінець робочого тижня
vikend

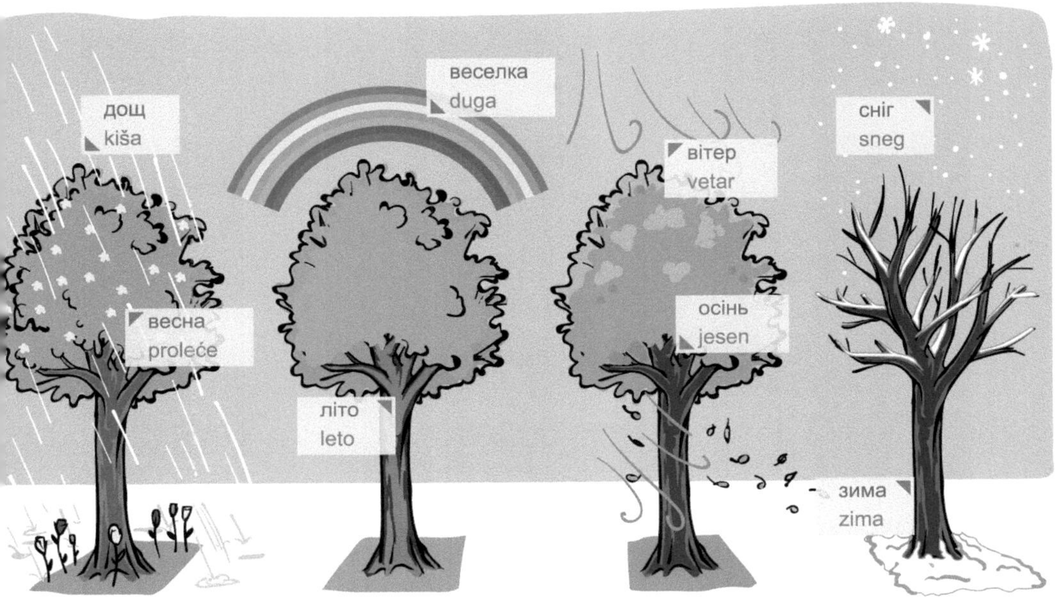

дощ
kiša
веселка
duga
вітер
vetar
сніг
sneg
весна
proleće
осінь
jesen
літо
leto
зима
zima

4.APRIL 11°
5.APRIL 4°
6.APRIL 13°
7.APRIL 8°
8.APRIL 10°

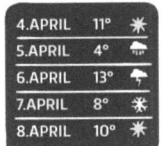

прогноз погоди

meteorološka prognoza

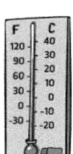

термометр

termometar

сонячне світло

sunčana svetlost

хмара

oblak

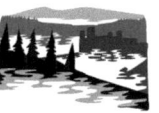

туман

magla

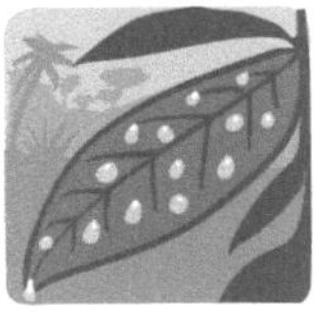

вологість повітря

vlažnost vazduha

блискавка

munja

грім

grmljavina

шторм

oluja

град

tuča

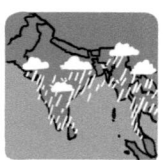

мусон

monsun

повінь

poplava

лід

led

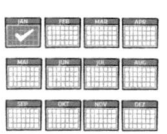

Січень

januar

Лютий

februar

Березень

mart

Квітень

april

Травень

maj

Червень

juni

Липень

juli

Серпень

avgust

Вересень

septembar

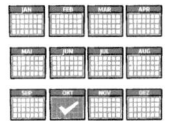

Жовтень

oktobar

Листопад

novembar

Грудень

decembar

круг

krug

квадрат

kvadrat

прямокутник

pravougao

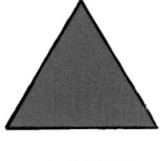

трикутник

trougao

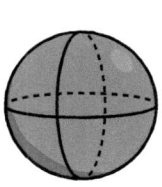

куля

kugla

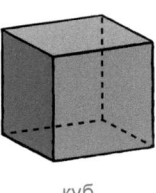

куб

kocka

фарби
boje

білий

bela

жовтий

žuta

помаранчевий

narandžasta

рожевий

ružičasta

червоний

crvena

фіолетовий

ljubičasta

синій

plava

зелений

zelena

коричневий

smeđa

сірий

siva

чорний

crna

багато / мало

mnogo / malo

лютий / мирний

ljutito / mirno

гарний / бридкий

lepo / ružno

початок / кінець

početak / kraj

великий / малий

veliko / maleno

світлий / темний

svetlo / tamno

брат / сестра

brat / sestra

чистий / брудний

čisto / prljavo

завершений / незавершений

potpuno / nepotpuno

день / ніч

dan / noć

мертвий / живий

mrtvo / živo

широкий / вузький

široko / usko

їстівний / неїстівний

jestivo / nejestivo

злий / дружній

zlo / dobro

збуджений / нудьгуючий

uzbuđeno / dosadno

товстий / тонкий

debelo / mršavo

спочатку / востаннє

na početku / na kraju

друг / ворог

prijatelj / neprijatelj

повний / порожній

puno / prazno

жорсткий / м'який

tvrdo / mekano

важкий / легкий

teško / lagano

голод / спрага

glad / žeđ

хворий / здоровий

bolesno / zdravo

незаконний / законний

ilegalno / legalno

розумний / дурний

pametno / glupo

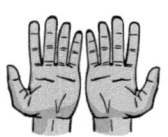

вліво / вправо

levo / desno

поруч / далеко

blizu / daleko

новий / використаний

novo / polovno

нічого / щось

ništa / nešto

старий / молодий

staro / mlado

вкл / викл

uključeno / isključeno

відкрито / закрито

otvoreno / zatvoreno

тихо / гучно

tiho / glasno

багатий / бідний

bogato / siromašno

правильно / неправильно

tačno / pogrešno

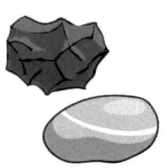

шорсткий / гладкий

hrapavo / glatko

сумний / щасливий

tužno / sretno

короткий / довгий

kratko / dugo

повільно / швидко

polako / brzo

вологий / сухий

mokro / suho

гарячий / холодний

toplo / hladno

війна / мир

rat / mir

протилежності - suprotnosti

0

нуль

nula

1

один

jedan

2

два

dva

3

три

tri

4

чотири

četiri

5

п'ять

pet

6

шість

šest

7

сім

sedam

8

вісім

osam

9

дев'ять

devet

10

десять

deset

11

одинадцять

jedanaest

12

дванадцять

dvanaest

13

тринадцять

trinaest

14

чотирнадцять

četrnaest

15

п'ятнадцять

petnaest

16

шістнадцять

šestnaest

17

сімнадцять

sedamnaest

18

вісімнадцять

osamnaest

19

дев'ятнадцять

devetnaest

20

двадцять

dvadeset

100

сто

stotinu

1.000

тисяча

hiljadu

1.000.000

мільйон

milion

jezici

англійська

engleski

американська англійська

američki engleski

китайська
високочиновницька

mandarinski kineski

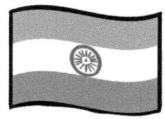

хінді

hindski

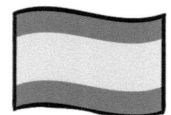

іспанська

španski

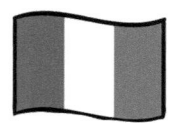

французька

francuski

арабська

arapski

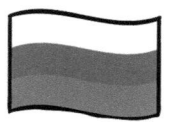

російська

ruski

португальська

portugalski

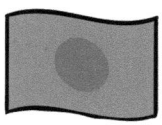

бенгальська

bengalski

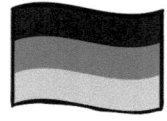

німецька

nemački

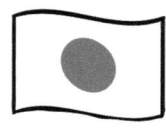

японська

japanski

я
ja

ти
ti

він / вона / воно
on / ona / ono

ми
mi

ви
vi

вони
oni

хто?
Ko?

що?
Šta?

як?
Kako?

де?
Gde?

коли?
Kada?

ім'я
ime

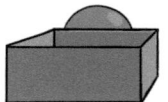

ззаду

iza

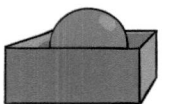

в

u

перед

ispred

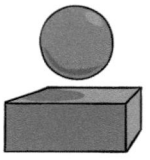

над

preko

на

na

під

ispod

біля

pored

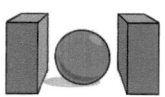

між

između

місце

mesto